Dirección editorial: Isabel Ortiz y Emilio Losada
Autor: María Forero
Ilustraciones: Fernando Aznar
Preimpresión: Marta Alonso

C/ Campezo, 13 - 28022 Madrid
Tel.: 91 3009100 - Fax: 91 3009118
www.susaeta.com

Impreso y encuadernado en España



D.L.: M-839-MMXV

GRAN CAMPAMENTO
DE ESPÍAS

# OPERACIÓN CASTILLO

MARÍA FORERO

Ilustraciones de Fernando Aznar

susaeta

2
9
1
8
10
6
Río Turbio
7
3

5
11
12
4
1. La Casona
2. El Barracón
3. La Choza
4. Campo de Pruebas
5. Cerro de Escalada
6. Puente de Piedra
7. El Estanque
8. El Pozo Seco
9. Palomar
10. El Pinar
11. Pueblo Cuatro Casas
12. Urbanización
El Descanso Merecido
FINCA
VALLE OSCURO

# EQUIPO «ARAÑA»

**JAIME**

Es el capitán de los Araña.

**BEATRIZ**

Le encanta resolver misterios.

**VICENTE**

Es bromista e ingenioso.

**ALEJANDRA**

Es la «manitas» del grupo.

**SANTI**

Le gusta la lectura y detesta correr riesgos.

**MANUEL**

Cree que la ciencia es capaz de resolver cualquier enigma.

En el título anterior, Jaime logró convencer a sus padres para que le dejaran ir a un campamento de verano muy poco convencional. Se trataba de Valle Oscuro, un lugar donde chicos y chicas de edades comprendidas entre nueve y dieciséis años se entrenaban duramente para convertirse en espías. El protagonista, tras ser nombrado capitán, tuvo que elegir a cinco chicos para formar su equipo. Beatriz, Vicente, Alejandra, Santi, Manuel y Jaime son… ¡el equipo Araña!

# PERSONAL DEL GRAN CAMPAMENTO DE ESPÍAS

**DON EVARISTO**

Director del campamento

**RAFA**

Monitor encargado de las pruebas de alto riesgo

**CARLA**

Monitora enfermera. Los chicos acuden a ella cuando tienen un problema.

**JOSÉ**

Monitor responsable de las misiones nocturnas

**BERNARDO**

Monitor de deporte. Planifica los entrenamientos.

**MARTA**

Monitora a cargo de las actividades acuáticas

Durante los primeros días de campamento, Jaime y los suyos se hicieron grandes amigos, y juntos superaron con éxito su primera misión en Valle Oscuro: encontrar el diploma de Espía Júnior. Ahora, en esta nueva aventura, deberán enfrentarse a un desafío aún mayor, que pondrá a prueba sus dotes detectivescas y por el que se verán envueltos en un peligroso caso policial.

**¡Lee y disfruta en compañía de los Araña!**

# LA SEGUNDA MISIÓN

**Jaime** y sus compañeros del equipo Araña se levantaron aquella mañana con el primer toque de corneta. La noche anterior, **DON EVARISTO**, el director del campamento de verano Valle Oscuro, les había anunciado que hoy les iba a hacer entrega de su nueva misión, que, esta vez, **consistiría en resolver un gran misterio.**

Aquel era el primer verano que Jaime pasaba en el campamento. Durante los primeros días, los alumnos, divididos en cuatro equipos, tuvieron que enfrentarse a un gran reto: ***encontrar su diploma de Espía Júnior***.

El primero en lograrlo fue el equipo Araña, seguido de los Calavera, los Tigre y, por último, los **Relámpago**. El resultado de esta misión era clave, pues el último equipo en encontrar su diploma debía abandonar el campamento. Así pues, de los veinticuatro alumnos que eran al principio, solo quedaban dieciocho en Valle Oscuro, puesto que los seis componentes del equipo Relámpago ya se habían marchado a casa.

Desde entonces, habían transcurrido varios días y, hoy, por fin, los **tres equipos de jóvenes espías** iban a medir de nuevo sus fuerzas. Esta vez, el primero en desvelar el misterio de don Evaristo obtendría el codiciado

**DIPLOMA DE HONOR** y, como recompensa, todos los miembros del equipo ganador obtendrían una plaza para regresar el año que viene a Valle Oscuro, además de otros privilegios que los alumnos aún desconocían.

Al igual que cada mañana, los pupilos, nombre con el que se llamaba a los alumnos, se dirigieron al río para darse su refrescante baño matutino. **Tras esto, marcharon a buen paso hacia la Casona, un edificio de piedra situado en lo alto de una colina**, que

era el hogar de don Evaristo y su familia. Allí les esperaba el opíparo desayuno que la mujer del director, **Adela**, preparaba para profesores y alumnos.

Después, los **capitanes de los tres equipos** fueron al despacho del director para recibir las nuevas órdenes. **Don Evaristo** les entregó un sobre cerrado a cada uno y les explicó:

–Dentro encontraréis la información necesaria para desvelar el misterio con el que me he propuesto retaros. Todos disponéis de los mismos datos, así que no perdáis el tiempo en interrogatorios inútiles. En cuanto al plazo, tenéis una semana para resolverlo. ¿Alguna cuestión?

—Sí, señor, ¿qué ocurriría si ningún equipo lograra el objetivo? —preguntó Esteban, el capitán del equipo Calavera.

—En todos los años que lleva **VALLE OSCURO** funcionando nunca ha sucedido nada semejante. Supongo que, en ese caso, ninguno tendríais derecho al **diploma de honor**, pues demostraríais ser unos auténticos zoquetes.

Los tres capitanes salieron del despacho a todo correr en busca de su equipo. **Jaime** encontró a sus amigos en el jardín que rodeaba la **CASONA**. En cuanto lo vieron, fueron hacia él y lo interrogaron llenos de curiosidad.

–¡Desembucha! –exclamó **Vicente**, un Araña con una historia muy peculiar. Había ido obligado al campamento y, al principio, se **burlaba de sus compañeros por su deseo de convertirse en espías**. Sin embargo, pronto se dio cuenta de que aquel lugar podía ofrecerle mucho más de lo que había imaginado; sobre todo, la amistad de los cinco **ARAÑA**, algo que ahora valoraba por encima de todo. Además, se había convertido en un joven espía entusiasta, y trabajaba con ahínco para lograr ventaja para su equipo. Aun así, no había perdido su carácter burlón y algo pendenciero–. **¡Cuéntanos todo lo que te ha dicho el viejo!**

Entonces, el capitán abrió el sobre y, sacando el papel que había en su interior, leyó en voz alta:

# MISIÓN LUCES EN LA NOCHE

En algún lugar de Valle Oscuro existen unas ruinas. En determinadas noches, todos los que han pasado cerca de ellas aseguran haber visto extrañas luces en una de las ventanas, así como oído ruidos inquietantes procedentes del interior.

**Objetivo: descubrir el origen de estos extraños sucesos.**

**ADVERTENCIA: IMPRESCINDIBLE APORTAR PRUEBAS.**

–A ver, chicos, debemos organizarnos. Primero, iremos al **Barracón** a preparar nuestras mochilas y el material necesario. Después, emprenderemos la marcha. ¿Alguna sugerencia? –preguntó el capitán a sus compañeros.

–¿Qué os parece si nos dividimos? La mitad de nosotros puede ir al **pueblo** a recabar información; quizá allí alguien sepa dónde están esas ruinas –propuso Manuel.

–No es mala idea. Para comunicarnos, podemos utilizar los **WALKIE TALKIES** que fabricamos el otro día en el taller electrónico –sugirió **JAIME**.

–¡Muy bien! ¿Cómo nos dividimos? Me imagino que **Bea**, que está loquita por mí, querrá ir en mi grupo –**bromeó Vicente, que siempre que podía se burlaba de Beatriz.**

–Cuanto más lejos te tenga, mejor –replicó ella–. Santi, Alejandra y yo iremos al pueblo; Jaime, Manuel y tú iréis a inspeccionar el terreno, ¿de acuerdo?

–Tú mandas –le respondió **VICENTE** guiñándole un ojo con complicidad.

Tras pasar por el **BARRACÓN**, la cabaña de madera en la que vivían los pupilos, los Araña se dividieron tal y como habían acordado.

Eran las diez de la mañana y el sol calentaba ya con fuerza. **Jaime**, **Manuel** y **Vicente** caminaban

en silencio y con la mirada fija en el suelo. Habían decidido empezar a buscar más allá del **pinar**, una zona de la finca que aún no conocían. Valle Oscuro abarcaba varias hectáreas, de modo que tenían mucho terreno por inspeccionar.

***Cuando llevaban más de una hora caminando, se cruzaron con los Calavera.***

–¿Cómo vais, chavales? –les preguntó **ESTEBAN**, el capitán, con su acostumbrada franqueza y buen humor.

–Aún no hemos encontrado nada.

–Ya veo; esto es muy grande... Bueno, no perdáis la esperanza. Nos vemos en la Casona a la hora de comer; hasta luego.

En cuanto los Calavera se alejaron, **VICENTE** comentó con inquietud:

–No hay duda: han encontrado las ruinas. ¿Os habéis fijado en la mirada que tenían todos? Y Fernando, el chico gordo, ¡no ha dejado de sonreír en todo momento!

–No seas paranoico, Vicente –le recriminó Manuel–. No sabemos si las han encontrado, y, de todos modos, no podrán hacer nada hasta la noche, así que aún tenemos tiempo.

Mientras esto ocurría, los otros Araña ha-
bían llegado al pueblo. Allí, el dueño del bar les
había comentado que, cuando era niño, iba con
su padre a unas ruinas que había por la zona.
No se acordaba muy bien del lugar exacto,
pero estaba seguro de que para llegar hasta
ellas había que atravesar el lago que ahora
quedaba dentro de las lindes de Valle Oscuro.

Tras estas averiguaciones, **Bea**, **Alejandra** y **Santi** se dispusieron a regresar al campamento. Habían acordado encontrarse con sus compañeros en el **pinar**, por lo que decidieron coger un camino distinto al habitual. Cuando ya estaban a un par de kilómetros del pueblo, atravesaron una urbanización llamada **El Descanso Merecido**.

**En ella, todas las casas eran muy similares, de tres alturas y con un pequeño jardín trasero.**

Por eso, cuando los chicos pasaron por delante de una **OSTENTOSA MANSIÓN** rodeada por un enorme jardín con horribles estatuas de piedra, se quedaron atónitos mirándola.

En ese momento, un lujoso todoterreno negro se paró ante la puerta exterior de la casa y cinco hombres se bajaron de él. Eran altos y corpulentos, llevaban el pelo cortado a cepillo y hablaban en un idioma extranjero, quizá ruso.

–¡Qué tipos más raros! –exclamó SANTI tan fuerte que uno de ellos volvió la cabeza hacia ellos. Llevaba puestas unas gafas de sol de espejo, y una profunda cicatriz le dividía la mejilla en dos.

–¡Cállate! –le ordenó Alejandra en susurros–; no me gusta su aspecto. ¿Qué hace una gente así en un sitio como este? ¡Me da mala espina!

Los tres chicos pasaron junto al todoterreno bajo la amenazante mirada del hombre de las gafas de espejo.

–¿Habéis visto la cantidad de cajas de embalaje que había en el interior del maletero? –les preguntó Alejandra cuando ya no podían oírla–. ¿Qué llevarán ahí dentro?

–Quizá armas de contrabando... –conjeturó Santi.

—**Bueno, ¡dejaos de historias raras! Ahora debemos darnos prisa: ¡hay que buscar las ruinas!** —zanjó la conversación **Beatriz**.

Al rato, Santi se comunicó con Jaime a través del **walkie talkie** y quedaron en encontrarse en el puente de piedra. La finca Valle Oscuro estaba dividida por un caudaloso río. El barracón de los pupilos se situaba en la orilla opuesta a la de la **CASONA**, el pinar y el estanque, por lo que, cada día, los alumnos atravesaban varias veces el **PUENTE** sobre el río, de tal modo que este había terminado por convertirse en su punto de encuentro habitual.

En cuanto los seis **ARAÑA** estuvieron de nuevo reunidos, intercambiaron información.

–Hemos buscado durante casi dos horas y no hemos visto nada –les comentó **Manuel**.

–¿Habéis estado cerca del estanque? Nos han dicho que por ahí había unas ruinas. Pero lo mejor no es eso: *¡hemos visto a unos tipos que parecen unos mafiosos! Viven en una mansión en El Descanso Merecido, y, en el maletero de su coche, transportan misteriosas cajas* –contó, por su parte, **Alejandra**.

—¡Vaya, qué historia! —exclamó Jaime sin demasiado interés—. Ahora ya no tenemos tiempo de inspeccionar el estanque —continuó—, pues tenemos entrenamiento. Hasta las siete o las ocho no podremos retomar la misión.

—¿Cómo puedes estar pensando en algo tan banal como las ruinas cuando te estamos hablando de la posibilidad de que unos auténticos traficantes estén actuando en la zona? ¿Eres espía, o qué? —replicó Alejandra, ofendida por la falta de entusiasmo del capitán.

—¡Claro! Pero ahora tenemos una misión...

—Inventada —le interrumpió de nuevo la joven—. ¡Yo te hablo de la vida real!

—Tiene razón, Álex —intervino MANUEL—.

Quizá podamos investigar los dos casos a la vez: ¡no perdemos nada por intentarlo!

–Si es lo que queréis… –dijo el capitán.

–¡Lo es! –exclamaron los demás **Araña**.

–En ese caso, trato hecho. Habrá que ir con cuidado. Como dice Alejandra, esta es la vida real y, si esa gente oculta algo, no le va a gustar que unos niñatos metan las narices en sus asuntos.

**–Ya estoy viendo los titulares** –exclamó Vicente entornando los ojos:

–¡Va a ser fantástico!

–Sí, sí, pero, como dice **Jaime**, hay que ser muy cautelosos, no correr riesgos innecesarios… –advirtió **Santi, el más prudente del grupo**.

–¡Que sí, Santi! –le contestaron los demás con tono aburrido.

# LAS RUINAS

Tan pronto los chicos acabaron el entrenamiento de la tarde, reanudaron la búsqueda.

–Por lo que me ha dicho **MERCEDES**, la capitana de los Tigre, durante la comida, creo que tienen un confidente, y que este les ha soplado la **posición exacta de las ruinas** –les dijo **Bea**, que era especialista en sonsacar información.

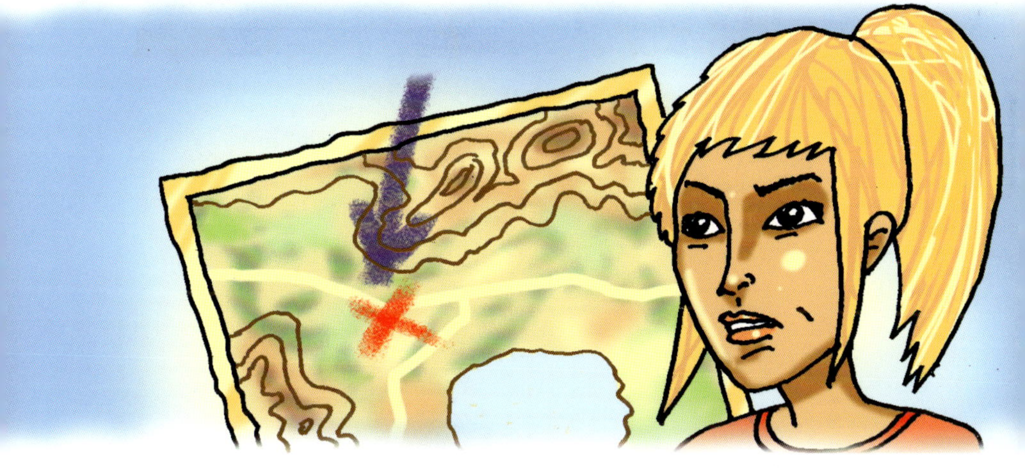

–Puede ser. De todas formas, lo importante de esta misión es descubrir de dónde provienen los ruidos y las luces –la tranquilizó **JAIME**.

A las ocho en punto, **JOSÉ, EL MONITOR DE LAS ACTIVIDADES NOCTURNAS**, dio el pistoletazo de salida, y los tres equipos se pusieron en camino.

Los **ARAÑA**, equipados con todo lo necesario, se encaminaron al lago. Por su parte, los **TIGRE** de Mercedes se dirigieron río abajo, mientras que los **CALAVERA** tomaron la misma dirección que el equipo de Jaime.

**–No me gusta nada tener a estos pisándonos los talones –se quejó Vicente.**

–¡Pero no te das cuenta de que eso es buena señal!

Si, tal y como sospechamos, Esteban y los suyos ya han encontrado las ruinas, es lógico que ambos vayamos en la misma dirección –apuntó **MANUEL**.

Durante un buen rato caminaron sin necesidad de usar linternas, pues aún había algo de luz. Cuando llegaron al **estanque**, que era bastante grande, los Araña decidieron cruzarlo en el **bote** que estaba amarrado en el embarcadero, mientras que el equipo rival se dispuso a bordearlo por la ribera derecha.

–No tenemos la certeza de que ellos sepan mejor que nosotros dónde están las ruinas. Yo voto por seguir con nuestro plan y cruzar el lago –repuso **Jaime**.

**–Pues yo estoy seguro de que Esteban ya ha encontrado las ruinas –insistió Vicente.**

Al fin, los chicos hicieron una votación y el resultado salió a favor de Jaime, de modo que los seis amigos se embarcaron y, **a golpe de remo, cruzaron el ancho estanque**. Cuando llegaron a la otra orilla, dejaron el bote bien amarrado a un árbol con una cuerda.

Ya había anochecido, por lo que tuvieron que encender sus **linternas**. Tras caminar unos pocos metros, vieron, en lo alto de una colina, **LAS RUINAS DE UN CASTILLO**.

**–¡Mirad, chicos, ahí están! ¡Ya sabía yo que estaban más allá del lago!** –fanfarroneó **Vicente**, provocando que **Jaime, Santi y Manuel** le miraran con cierto asomo de burla, y que **BEA** resoplara con desesperación.

Cuando les faltaban pocos metros para alcanzar la cima del peñasco, el capitán exclamó:

–¡Eh, chicos, mirad allí!

–¿Dónde?

Por precaución, los chicos se agazaparon contra el suelo y apagaron las linternas. **Del castillo medieval tan solo quedaban en pie restos de la muralla, una torre y parte de lo que debió de ser el patio de armas**.

Tal y como había advertido **Jaime**, todos pudieron ver una luz que brillaba de forma intermitente en la **ventana ojival** de la torre: parpadeaba cuatro veces, se detenía y, de nuevo, parpadeaba dos veces más; después, tras una pausa mayor, volvía a empezar.

–No sé qué opináis vosotros –susurró **Manuel**–, pero a mí me parece que las misteriosas luces son una **señal luminosa**.

–¿Una señal de qué?

–Pues eso no lo sé; habrá que averiguarlo.

Durante un buen rato las luces repitieron el mismo código hasta que, de pronto, dejaron de brillar. Los Araña esperaron entonces a ver salir a alguien del castillo en ruinas, pero no fue así, por lo que llegaron a la conclusión de que, probablemente, no lo habían visto a causa de la oscuridad que los envolvía.

**–Si había alguien ahí dentro es seguro que ya se ha marchado, así que vamos a inspeccionar el terreno –ordenó el capitán.**

Cuando los seis Araña llegaron a los pies de la torre descubrieron que en ella había una **pequeña puerta de acceso**, pero que, desafortunadamente, estaba cerrada con un grueso candado.

–Vamos a romper la cerradura con una piedra –propuso **VICENTE**.

–¿Y poner sobre aviso al que ha estado haciendo las señales? ¡No es buena idea!

–Es cierto; más vale ser cautelosos. Vamos a ver si encontramos alguna **huella** por los alrededores y, después, regresamos al campamento –decidió **Jaime**.

Comenzaron a barrer con la luz de sus linternas la zona, pero el suelo era pedregoso y resultaba muy poco probable encontrar huella alguna, así que decidieron regresar. **Entonces, cuando ya habían descendido la colina, algo llamó la atención de Beatriz.**

## –¡Eh, venid; aquí hay unas huellas de neumáticos!

Efectivamente, al pie de la colina había una zona embarrada, y, en ella, se podían ver con claridad las **huellas** dejadas por un vehículo.

–Tengo la impresión de que podrían ser de un **CAMIÓN** –apuntó Santi con la prudencia que le caracterizaba.

**–O quizá... ¡un todoterreno! –exclamó Bea con los ojos brillantes por la emoción.**

–¿Estás pensando en los extranjeros de esta mañana? ¡Qué imaginación más calenturienta!–se rio Alejandra.

Ya de vuelta, se llevaron una **DESAGRADABLE SORPRESA** cuando llegaron a orillas del estanque:

**alguien había cortado con un cuchillo la cuerda con la que habían amarrado el bote y este estaba ahora en mitad del lago.**

–¡Desgraciado! ¡Parece que al de las luces no le ha gustado que le espiemos! –se lamentó **VICENTE**.

–¿Tú crees que nos ha podido ver? –preguntó, asustado, **Santi**.

–¡Sin duda! ¿Quién, si no, iba a cortar la cuerda?

–Lo extraño del caso es cómo cruzó el misterioso hombre el estanque para llegar hasta el castillo si no había ningún bote amarrado cuando llegamos –comentó **Manuel**.

–Quizá lo escondiera... De todas formas, tiene que existir otro acceso para llegar a este lugar que no sea a través del lago, pues, ¿cómo si no se explican las huellas de neumáticos? –reflexionó **Jaime**–. Ahora, **Manuel** y yo iremos a nado a recuperar el bote.

–¡Espera un momento! –replicó **ALEJANDRA**–. ¿Por qué vosotros? **BEA** y yo somos también buenas nadadoras.

–No me parece buena idea –repuso el capitán.

**–¿Estás insinuando que por ser chicas somos menos capaces?**

Jaime, que sabía que cuando Alejandra se ponía reivindicativa era mejor no discutir con ella, rectificó:

–Muy bien, id vosotras.

–Lo siento, **Álex** –se disculpó Bea–, te agradezco que pensaras en mí, pero no me apetece darme un baño a estas horas.

–¡Como quieras! –repuso, ofendida, Alejandra.

–Iré yo en lugar de la princesa –dijo Vicente con sorna.

–¡De ninguna manera! –exclamó, furiosa, BEATRIZ–. ¡Pues ahora sí que voy!

–¿Sabéis lo que os digo a los tres? ¡Que vamos a ir Manuel y yo, y no se hable más! zanjó el capitán la discusión.

Los dos Araña se zambulleron en las frías aguas del lago y, tras unos minutos de tensa espera, regresaron con el bote. Aunque estaban temblando de frío y tenían los labios amoratados, habían logrado recuperarlo.

# UNA NOTICIA SORPRENDENTE

A la mañana siguiente, los pupilos se reunieron de nuevo en la **CASONA** para desayunar, y Jaime aprovechó la ocasión para entablar conversación con los otros dos capitanes.

–¿Cómo lleváis la misión? Nosotros ya hemos encontrado las ruinas –les informó **Jaime**.

–Nosotros también, pero aún no hemos visto ni oído nada extraño –le comentó **Esteban**.

–¡A mí me dieron una pista falsa que nos entretuvo buscando en el lugar equivocado! –se lamentó la capitana de los **TIGRE**.

–¿Y vosotros, Jaime, oísteis algo raro? –preguntó el Calavera.

–No, no oímos nada –contestó Jaime sin faltar a la verdad, pues lo cierto era que no habían escuchado nada, aunque sí visto.

–¡Qué extraño! ¿Será posible que las ruinas que hemos encontrado no sean de las que hablaba don Evaristo? –se preguntó en voz alta Esteban.

Por toda respuesta, Jaime se encogió de hombros. Aunque no dijo nada, estaba convencido de que los CALAVERA habían llegado al castillo en ruinas más tarde que ellos y, por eso, no habían llegado a tiempo de contemplar las luces.

**La mañana del segundo día de la misión transcurrió sin novedad: tuvieron carrera de obstáculos, prácticas de laboratorio y entrenamiento con Bernardo, el monitor de deporte.**

Fue durante el almuerzo cuando los Araña hicieron un gran descubrimiento. Habían llegado a la Casona antes de tiempo, así que se sentaron unos minutos en la sala de estar a esperar. Entonces, **SANTI**, que era un gran lector, cogió el periódico local del día y se puso a ojearlo. De pronto, exclamó:

–Escuchad esto:

## Banda de delincuentes pone en jaque a los Cuerpos de Seguridad

Desde hace meses, una banda de delincuentes procedentes de los Países del Este actúa de forma impune en nuestra Comunidad.

Todas las semanas se denuncian nuevos robos en comercios y domicilios; sin embargo, y pese a la frecuencia de los hurtos, no hay testigos ni ninguna grabación que permita a la Policía hacer un retrato robot de los ladrones. Por este motivo, se pide encarecidamente la colaboración ciudadana.

Si usted cree poseer cualquier información, por nimia que sea, no dude en ponerse en contacto con la Policía.

**–¡Vamos a llamar ahora mismo! –exclamó Bea.**

–¡Venga ya, **BEATRIZ**! ¿Qué quieres que le digamos a la Policía, que hemos visto a unos tipos muy sospechosos en una mansión de pésimo gusto?

–¿Por qué no? Estoy segura de que son ellos.

**–Es mejor que los vigilemos, y, en cuanto descubramos algo, llamemos a la comisaría –propuso Jaime con sensatez.**

Tras llegar a ese acuerdo, sonó la campana que los convocaba al almuerzo, y los jóvenes espías se dirigieron al comedor. Allí recibieron la segunda noticia importante del día, esta vez, por parte de don Evaristo. **El director les anunció que, puesto que los tres equipos ya estaban en posesión del diploma de Espía Júnior, iban a comenzar las prácticas de tiro al blanco con pistola de aire comprimido.**

Por supuesto, para asistir a esta clase necesitaban una **AUTORIZACIÓN FIRMADA** por sus padres e ir con la protección necesaria.

Los chicos estaban entusiasmados con la idea... **¡Por fin iban a aprender a disparar un arma!** **RAFA**, el monitor de las pruebas de alto riesgo, iba a ser su profesor, y las clases darían comienzo al día siguiente.

–Esto cada vez se pone más interesante –comentó **Vicente** a sus amigos.

–Y tú te lo querías perder –le recordó **Beatriz**.

–Es cierto. A principio de mes me parecíais una panda de locos... ¡solo pensaba en abandonar cuanto antes el campamento! **Por suerte, Jaime me eligió para formar parte de su equipo. De no ser así, ahora mismo estaría en casa muerto del aburrimiento.**

En contadas ocasiones, Vicente dejaba aparcada su fanfarronería habitual y hablaba con sinceridad sobre sus sentimientos. Esto siempre provocaba en sus compañeros sorpresa y, a la vez, una pizca de ternura, pues intuían que, bajo la máscara de chico duro, se ocultaba el verdadero **Vicente, un muchacho bueno y noble**.

Después del almuerzo y hasta la cena, los pupilos disponían de tiempo libre para avanzar en su misión.

Los **ARAÑA** estuvieron de acuerdo en dedicar la tarde a hacer averiguaciones en los alrededores de la extraña mansión, así que salieron de la finca y cogieron el camino que conducía hasta **El Descanso Merecido**. Cuando llegaron a la casa, **los seis se ocultaron tras un coche que había aparcado en la acera de enfrente**. Pasados unos minutos, **VICENTE** preguntó:

–¿Y ahora qué?

–Ahora esperamos –le contestó el capitán.

–¡Pero no está el todoterreno y en la casa no se ve movimiento alguno! –repuso él.

–Bueno, esperaremos a que lo haya.

–¡Pues menudo rollo! –contestó Vicente sin entrar en razón–. ¿Qué os parece si Bea y yo vamos a investigar por los alrededores: interrogamos a los vecinos, rastreamos la zona en busca de pruebas...?

–Puedo acompañarte yo, si lo prefieres –se ofreció Alejandra, a quien tampoco le atraía la idea de vigilar una casa vacía.

–No, no, gracias –rehusó Vicente rápidamente su oferta–; es que Bea es muy buena sonsacando información. –En realidad, y aunque jamás lo reconocería, le gustaba mucho estar con Beatriz, pese a que esta se burlaba de él continuamente.

–Vale, te acompañaré, pero solo porque me das pena –accedió Beatriz.

# LA MANSIÓN

Durante media hora más estuvieron vigilando sin detectar ningún movimiento, ni dentro ni fuera de la casa. Pasado ese tiempo, vieron aparecer en el extremo de la calle el **TODOTERRENO NEGRO**, que se dirigió a toda velocidad hacia la mansión, donde se detuvo el tiempo necesario para que una **MUJER RUBIA** bajara del vehículo. Acto seguido, el coche dio media vuelta y desapareció por donde había venido.

**Jaime**, entonces, dijo a los del grupo:

**–Esperad aquí; voy a tratar de sonsacarla.**

Enseguida el capitán consiguió entablar conversación con la **MUJER**. Tras unos minutos de amistosa charla, se despidió de ella y, disimulando, se dirigió calle arriba. Por su parte, la mujer abrió la puerta del jardín con un mando a distancia y desapareció en el interior de la mansión.

Viendo que ya no había peligro, los **ARAÑA** llamaron a voces a Jaime y le hicieron señas para que regresara junto a ellos.

–¿Has averiguado algo? –le preguntaron.

–Sí –contestó él–. **Se llama Dina y es extranjera, aunque habla bastante bien español**. Me ha contado que, hace unos meses, la contrataron los dueños de la mansión para limpiar y cuidar del jardín. Al parecer, cada poco tiempo hacen una mudanza y dejan todo patas arriba.

–**¿Una mudanza?**

–Me imagino que eso es lo que ella cree que hacen, pues lo único que sabe es que trasladan pilas de cajas de un lado a otro.

**–Cajas llenas de objetos robados –apuntó Manuel.**

**En ese momento llegaron Vicente y Bea.**

–¿Cómo ha ido? –les interrogó Alejandra.

–Nos hemos enterado de que la casa pertenece a un vecino al que hace años le tocó la lotería. En la actualidad, la tiene alquilada a un grupo de extranjeros, que, al parecer, evitan relacionarse con el vecindario. Pese a tanto secretismo, todos en el pueblo creen que se dedican a las mudanzas, pues en la mansión no dejan de entrar y salir cajas de cartón con el rótulo «Mudanzas Rodríguez».

–¿Mudanzas...? ¿Y sin que los vecinos se enteren de que alguien del pueblo se cambia de casa? ¡Es muy poco probable! –exclamó Jaime–. Mañana, podríamos hablar con don Evaristo y contarle lo que sabemos; pero, ahora, debemos volver a Valle Oscuro y retomar la misión.

Entonces, y de improviso, el **EXTRANJERO DE LAS GAFAS DE ESPEJO** salió de la casa y se encaró a los chicos, que continuaban hablando despreocupadamente junto a su puerta.

***–Llevo rato desde ventana viendo vosotros mirar casa. ¿Qué queréis, chicos malditos? ¡Largar de aquí o arrepentir de paliza!***

**–Disculpe, señor, no le hemos entendido ni una palabra. ¿Sería tan amable de repetir lo que ha dicho, pero, esta vez, conjugando correctamente los verbos?** –le contestó **VICENTE** con suma cortesía y como si no hubiera captado el tono amenazador del mensaje.

Los **ARAÑA** miraron con asombro a su amigo. ¿Cómo se atrevía a tomar el pelo al mafioso? ¡Le iba a matar!

Efectivamente, el tipo levantó el brazo como si le fuera a golpear, soltó un improperio en su idioma y exclamó:

**–¡Voy aplastar cabeza tuya, cerdo!**

Como si se hubieran puesto de acuerdo, los seis amigos echaron a correr a la vez, y no pararon hasta cruzar la puerta de **VALLE OSCURO**. Entonces, entre risas nerviosas, comentaron lo ocurrido.

–¡Qué tío más loco! ¡Nos hubiera matado! –exclamó **Vicente**.

**–Te hubiera matado a ti –le corrigió Santi–. Esto es lo que sucede cuando uno se empeña en hacer el trabajo de la Policía y, para colmo, es un bocazas con un extraño sentido del humor.**

–¡Eh, Santi, echa el freno! –le respondió Vicente–. En vez de meterte conmigo, deberías explicarnos qué haces aquí si tanto odias los riesgos. ¿Cómo se te ocurrió venir a un campamento de espías y no te quedaste en casa tricotando con tu abuela?

–¡Deja en paz a mi abuela! –replicó el chico con indignación–. Por si te interesa, vine aquí porque creo que puedo ser un buen espía... a la sombra.

–¿A la sombra de un árbol? –se burló Vicente.

–Basta ya, Vicente. Santi resulta muy útil en cualquier investigación gracias a sus conocimientos. Además, no te olvides de que ha demostrado ser el mejor de todos los pupilos en las prácticas de tiro con arco.

–Vale, vale, ¡era una broma! Perdón, Santi, amigo.

–Disculpas aceptadas –contestó el bueno de Santi.

Con tantas emociones, los **ARAÑA** estaban hambrientos, así que, en cuanto llegó la hora de la cena, fueron los primeros en ocupar sus puestos en el comedor de la **CASONA**.

**Los seis estaban muy nerviosos, pues sabían que aquella noche iba a ser definitiva**: los Calavera ya habían encontrado el castillo, y era muy probable que los Tigre, tras su infructuosa búsqueda, al fin hubieran dado con él. Por tanto, debían aguzar el ingenio si querían sacar ventaja a los equipos rivales.

Como aún no habían trazado un plan, Jaime reunió a su equipo tras la cena y les dijo:

–Ayer nosotros llegamos antes a las ruinas que los **Calavera** porque ellos bordearon el estanque en vez de cruzarlo. Esto nos ha dado una ventaja que hay que aprovechar. Mi idea es esta: debemos llegar a las ruinas a la misma hora que ayer, pues lo más seguro es que el de las luces y sus compinches se comuniquen a una hora fija. Después, nos dividiremos por parejas: **la primera pareja vigilará en todo momento los accesos a las ruinas; la segunda llamará la atención del hombre que emite las luces para obligarle a salir de la torre, y la tercera**

**aprovechará este momento para entrar en la torre, registrarlo todo y sacar unas fotos que nos sirvan de prueba**. Además, debemos ser muy prudentes, pues si el que cortó la cuerda del bote es el mismo hombre que hace las señales, está claro que nos vio, aunque nosotros a él no. ¿Os parece bien el plan?

–¡Sí! –corearon los demás.

–En ese caso: **Santi y Beatriz** vigilarán los accesos por tierra y agua; **Alejandra y Manuel** distraerán al hombre de las luces, y **Vicente y yo** entraremos en la torre –concluyó Jaime.

# LA TORRE DEL CASTILLO

Los **seis amigos** se dirigieron al estanque todo lo rápido que les fue posible. Primero, porque temían que los **CALAVERA** decidieran esta vez cruzar el lago en vez de rodearlo y les quitaran el único bote que había, y, segundo, porque querían tener tiempo de sobra para ocultar la barca una vez hubieran cruzado a la otra orilla.

Por suerte, encontraron el bote en el embarcadero.

**—¡Bravo! ¡Nos hemos adelantado a los Calavera!**

–O quizá ESTEBAN y los suyos, al no ver ni oír nada anoche, hayan decidido buscar otras ruinas –insinuó Santi.

–¡Sería una estupidez! ¿A quién se le puede ocurrir que en una misma finca haya más de un castillo en ruinas? –repuso Vicente.

–Tal vez, precisamente por lo extraordinario del caso, don Evaristo ha decidido jugar al despiste con nosotros –conjeturó el capitán.

Sea por el motivo que fuese, lo cierto es que en el tiempo que los chicos invirtieron en ***cruzar el estanque*** y esconder el bote entre unos matorrales, no vieron a nadie en los alrededores.

Llegaron a las ruinas con tiempo de sobra para organizarse. Como habían acordado, **BEATRIZ** y **SANTI** se quedaron en su puesto de vigilancia, mientras que los demás se dispusieron a subir la colina. A unos metros de la cima, **Manuel** y **Alejandra** se escondieron tras unas rocas, y el capitán les dio las siguientes instrucciones:

**–Dejad que pase un rato desde que las luces comiencen a parpadear y, después, llamad la atención del hombre como más os guste y salid corriendo a toda prisa: ¡no os dejéis atrapar!**

Tras esto, **VICENTE** y **JAIME** continuaron la subida y, ya en la cima, se ocultaron detrás de un arbusto próximo a la torre. Ahora solo quedaba esperar a que desde el puesto de vigilancia les comunicaran con el **walkie-talkie** la llegada del intruso.

Pasados unos minutos que a todos les pareció una eternidad, **Beatriz** y **Santi** dieron la voz de alarma:

Al rato, volvieron a establecer comunicación:

–Ya ha llegado a la orilla (pausa). Está escondiendo la **ZÓDIAC**, por suerte, lejos de nuestro bote (pausa). Ahora se dirige a la torre con una linterna encendida en la mano. Cambio y corto.

Los siguientes en aportar información fueron **Alejandra** y **Manuel**:

–El individuo ha pasado junto a nosotros y se dirige a la torre. Cambio y corto.

Efectivamente, a los pocos minutos, la tercera pareja de pupilos pudieron ver como un ***hombre de unos sesenta años***, de hombros cargados y con una boina calada hasta los ojos se acercaba a la puerta de la torre, la abría y entraba por ella.

**–El individuo está en el interior de la torre. Cambio y corto** –comunicó el capitán a sus compañeros.

Desde donde **Jaime** y **Vicente** estaban ocultos no podían ver la ventana de la torre, de modo que no sabían si el hombre había comenzado a hacer o no señales. Transcurrieron quince minutos de incertidumbre, en los que el capitán no dejó de morderse las uñas y su compañero no paró de hablar en susurros ni un segundo.

–¿Sabes, Jaime? A mí me parece que Bea está loca por mí. Ella no quiere reconocerlo, pero yo la he pillado un par de veces mirándome fijamente.

Jaime observó a Vicente en silencio. ¡Era increíble que en un momento de tanta tensión estuviera hablando de semejantes tonterías!

–Para ser sincero, Vicente, yo solo la he visto mirarte con desaprobación.

–¡Todo fingido! En realidad…

Pero no pudo terminar la frase, pues, en ese momento, el hombre abrió bruscamente la puerta de la torre y, sin cerrarla tras de sí, salió a todo correr colina abajo.

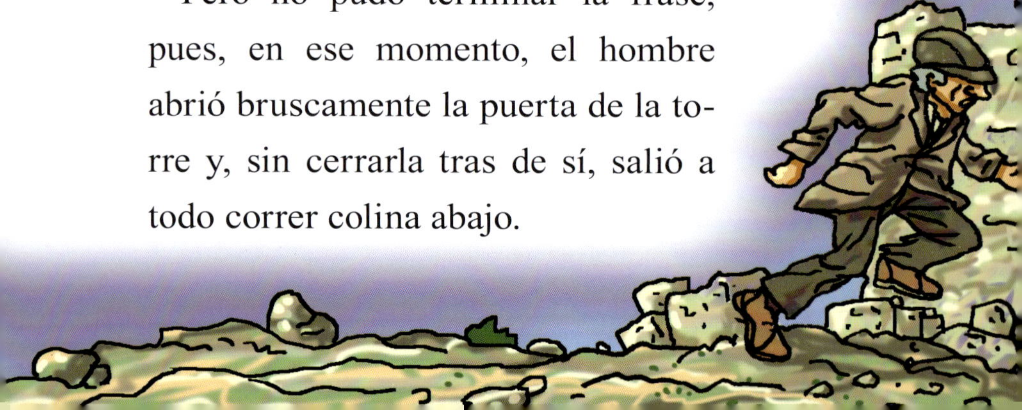

**JAIME** y **VICENTE** se levantaron de un salto y corrieron, a su vez, a la torre. Dentro todo era oscuridad, por lo que encendieron sus linternas. Al hacerlo, vieron que en el centro del edificio había una ***escalera de caracol*** que ascendía tortuosamente hacia lo alto. Sin dudarlo un instante, subieron de dos en dos los resbaladizos peldaños de piedra hasta llegar a una espaciosa sala circular.

—Mira, ahí está la ventana desde donde el hombre hace las señales con su linterna —advirtió Jaime.

Los dos amigos se asomaron por ella y vieron, en un primer plano, la colina y, más allá, el estanque… **¡Hasta era posible distinguir la orilla contraria!**

–No me extraña que el tipo de las luces ayer nos descubriera: ¡desde aquí se ve todo lo que ocurre en varios kilómetros a la redonda! –exclamó **VICENTE**.

–Sí, siempre y cuando la noche esté despejada como hoy. Vamos a inspeccionar el lugar y a sacar unas fotos.

**Bajo el alféizar de la ventana, encontraron colillas y varias latas de cerveza vacías.**

–Se ve que el tipo ha pasado aquí muchas horas muertas. ¿Qué significarán las señales de luz y a quién se las hará?

En un rincón de la oscura sala había una pila de cajas de cartón vacías.

–¡Fíjate bien, Jaime, tienen el rótulo «Mudanzas Rodríguez»!

–¡Es increíble! ¡Este hombre tiene relación con los extranjeros de **El Descanso Merecido**! Quizá utilizan este lugar como almacén, y, con sus señales, el hombre los advierte de que pueden acceder al lugar sin peligro.

En la esquina opuesta a la de las cajas, se acumulaba una ***montaña de escombros***: ladrillos rotos, trozos de madera, cascotes, cubos de plástico con restos de pintura… Entonces, el capitán, con la linterna entre los dientes, se encaramó a la escombrera para ver si había algo tras ella.

Por toda respuesta, Vicente le gritó:

**–¡Hay que salir de aquí! ¡He visto a tres hombres subiendo la colina!**

Los dos **ARAÑA** salieron todo lo rápido que pudieron de la torre y, una vez fuera, lograron esconderse tras un matorral antes de ver aparecer a los tres hombres. **Parecían muy enfadados, pues no dejaban de gritar y gesticular con los brazos**. Al fin, desaparecieron dentro de la torre y Vicente y Jaime pudieron escapar colina abajo. No miraron ni

un segundo atrás, aunque oyeron cómo uno de ellos les gritaba desde la ventana de la torre.

Los pupilos corrieron como no recordaban haberlo hecho jamás, pero, cuando llegaron a orillas del estanque, descubrieron con desesperación que no había rastro del bote ni de sus amigos.

–¿Qué hacemos ahora? ¡Estos tipos van a venir a por nosotros...! –balbució Vicente.

—¡BORDEEMOS EL LAGO! ¡VAMOS, NO TE PARES O NOS DARÁN ALCANCE!

Tal y como se temían, los tres hombres habían salido tras ellos en cuanto los vieron descender por la colina, pues, al poco rato, los chicos comprobaron con espanto que **las luces de un coche se les aproximaban cada vez más por la espalda**. Viendo

que no tenían escapatoria, se abalanzaron a la cuneta y se ocultaron detrás de una **espesa mata** con la esperanza de que los delincuentes pasaran de largo. Y así sucedió: a los pocos segundos, un **todoterreno negro** pasó junto a ellos a toda velocidad.

Durante largo rato, estuvieron agazapados sin atreverse a asomar la cabeza y, cuando por fin se decidieron a emprender la marcha hacia el **BARRACÓN**, no dejaron de mirar a su alrededor ni por un momento. Tras bordear el estanque, lo que les llevó cerca de una hora, llegaron a la cabaña de los pupilos sin más incidentes.

En cuanto los dos amigos se vieron en terreno conocido, se dieron un fuerte abrazo.

-¡Ha faltado poco! -exclamó Jaime.

-¡Ni que lo digas, capitán!

-Vamos a buscar a los demás; espero que estén todos bien.

Encontraron a **Alejandra** y **Manuel** esperándoles a la puerta del Barracón.

–¡Estáis sanos y salvos! –se alegró Manuel–. ¡No creíamos que lo consiguierais! Sentimos mucho haberos abandonado, pero no nos quedó más remedio que **HUIR EN EL BOTE**.

–A nosotros casi nos dan caza unos hombres en un todoterreno negro –les explicó **VICENTE**.

–¿Estás diciendo que los compinches del hombre de la torre eran los tipos de El Descanso Merecido? ¡Esto es muy gordo! Por cierto, ¿dónde habéis dejado a Bea y Santi?

–¿Qué quieres decir? ¿No están con vosotros?

–No –contestó **Alejandra**–; lo cierto es que, al veros llegar, hemos dado por hecho que regresabais los cuatro.

–¡Oh, no, les ha tenido que pasar algo! –se lamentó **Jaime**.

–No lo creo. Si el hombre de las señales nos persiguió a nosotros a través del lago con su zódiac, y a vosotros os siguieron sus cómplices en el coche,

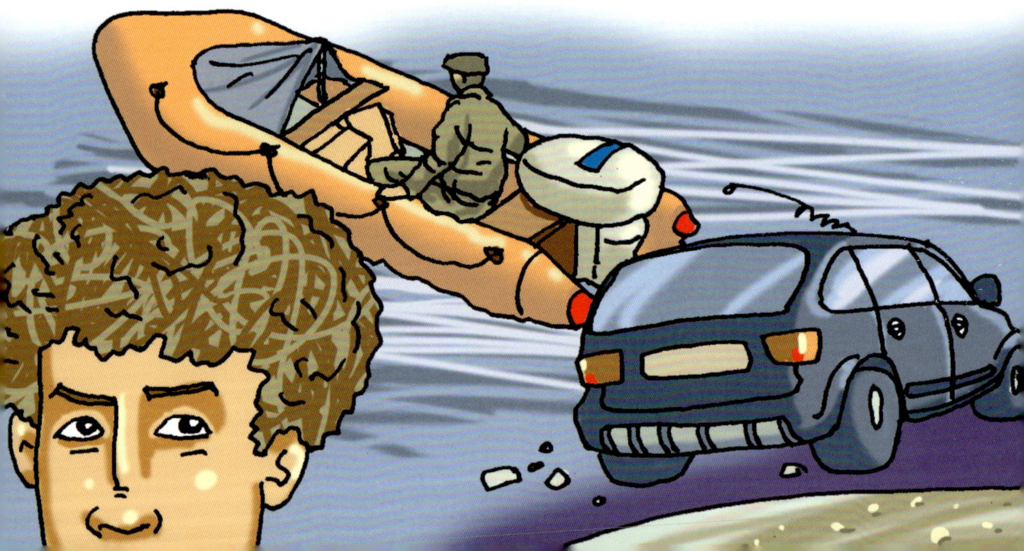

ellos deberían haber podido regresar andando sin problemas –reflexionó **MANUEL**.

–Tienes razón. Por cierto, ¿sabéis si han llegado los Calavera y los Tigre?

–Duermen como angelitos –le respondió Alejandra con una sonrisa dibujada en los labios.

En el preciso instante en que los Araña se disponían a salir en busca de **Bea y Santi**, estos aparecieron en el jardín que rodeaba la cabaña y los saludaron con entusiasmo.

**–¡Estáis vivos! ¡Es horrible decirlo, pero os dábamos por muertos! –confesó Santi mientras abrazaba uno a uno a sus compañeros.**

–¡Déjate de tantos besos y abrazos, y contadnos qué os ha pasado!

–Lo primero que vimos fue una zódiac con un hombre dentro cruzando lentamente el estanque –comenzó su relato Beatriz–; después, amarró el bote y comenzó a subir la colina. Más tarde, las luces empezaron a brillar en la torre y, al poco, vimos salir corriendo a Manuel y Alejandra seguidos del hombre de la zódiac.

»Una vez en el lago, los nuestros echaron el bote al agua y huyeron a toda velocidad. Por su parte, el hombre cogió su **zódiac** y, sin darse por vencido pese a la ventaja de los otros, continuó la persecución.

Entre tanto, llegó al pie de la colina el **todoterreno negro de El Descanso Merecido**, y de él se bajaron tres de los cinco hombres que estaban ayer junto a la mansión.

»Poco después –prosiguió **Beatriz**–, os vimos escapar a ti y a **Jaime** colina abajo, perseguidos de cerca por los tres hombres. Entonces, **Santi** sugirió que, dado que ya no había ningún peligro, fuéramos a comprobar si la **puerta de la torre** estaba abierta, y, en caso afirmativo, que entrásemos a recabar más pruebas, pues temíamos que, con las prisas, vosotros os hubierais olvidado de hacerlo.

–Cuando llegamos a la torre –continuó **SANTI** el relato–, descubrimos que los mafiosos no habían cerrado la puerta, así que pudimos entrar y hacer un montón de fotos.

–¡Menos mal, chicos! ¡Es cierto que no tuvimos tiempo de sacar fotos! ¿Descubristeis el botín que había tras los escombros?

–¡Claro, e **hicimos fotos** de todo ello! ¡Están perdidos! ¡Ahora sí que hemos desarticulado **la banda de ladrones**!

–Y, además, hemos cumplido con nuestra misión, pues ya sabemos a qué se debían las misteriosas luces y los extraños ruidos: ¡ambos los provocaba el compinche de la banda! –exclamó, eufórico, el capitán.

–¡Sí, chicos, hay que celebrarlo! Pero mejor mañana: ¡me muero del sueño! –dijo **Bea** bostezando.

–Sí, es verdad, son las cuatro de la madrugada. Mañana haremos públicos nuestros descubrimientos –concluyó **JAIME**–. Buenas noches, chicos, y ¡buen trabajo!

# ¡ESTO ES UNA BROMA!

Cuando al día siguiente **Marta**, la monitora encargada de despertar a los pupilos por la mañana, hizo sonar la **corneta**, los miembros del equipo Araña saltaron de la cama llenos de energía.

Pese a que los seis estaban deseando informar a **DON EVARISTO** de sus descubrimientos, no tuvieron más remedio que seguir el rígido horario de Valle Oscuro, así que, en compañía de los demás pupilos, **se dirigieron a las profundas y cristalinas pozas del río de la finca**, donde cada mañana nadaban varios largos y disputaban reñidas carreras.

Los pupilos ya llevaban quince días en el campamento, tiempo suficiente para que su relación con los monitores fuera bastante estrecha. Por eso, no era de extrañar que **MARTA** notara enseguida que algo les pasaba a sus alumnos.

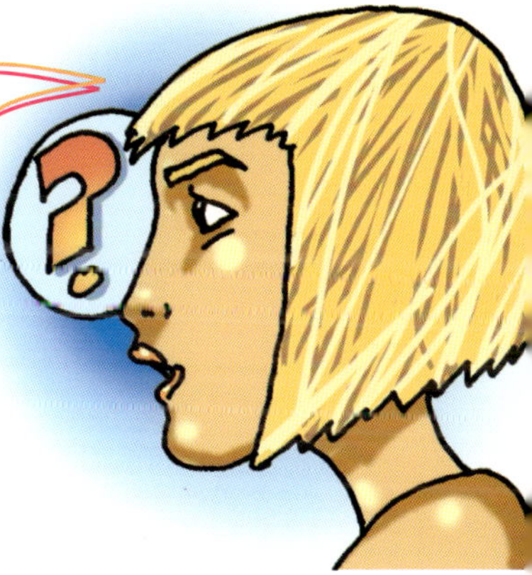


–No sé qué os sucede hoy a los **Calavera** y a los **Araña**, pero estáis muy distraídos.

–Nada de particular –se apresuraron a decir los capitanes de ambos equipos.

**«¿Qué les ocurrirá a Esteban y los suyos?»**, se preguntó Jaime con recelo.

Por fin, la actividad concluyó y los jóvenes marcharon hacia la **Casona**. En cuanto entraron por

la puerta, el capitán de los **ARAÑA** se dirigió a la cocina para preguntar a Adela, que estaba terminando de preparar el desayuno, por su marido.

–Buenos días, Adela, ¿está **don Evaristo** levantado?

–Sí, ya está en su despacho, pero alguien se te ha adelantado…

–¿Qué quiere decir?

**Jaime** se quedó sin habla. **¿Qué tendría que tratar Esteban con don Evaristo?** No era posible que hubieran desvelado el misterio, pues ellos estuvieron anoche durante bastante tiempo en las ruinas y en ningún momento vieron a un **CALAVERA** cerca. «Quizá tenga que hablar con él algún asunto personal», se dijo.

–¿Qué pasa, Jaime? –le interrogó amablemente Adela–. No te desmoralices; no siempre se puede ganar. *Tu equipo y tú salisteis vencedores en la primera misión, lo que está muy bien; ahora les ha tocado el turno a otros de saborear las mieles del éxito.*

–¡Pero eso no es posible!

Sin dar más explicaciones, el chico dio media vuelta y salió de la cocina a toda prisa, lo que provocó el asombro de **Adela**, quien no le tenía por mal perdedor. Sin embargo, no se trataba de eso; simplemente, ***el capitán no entendía qué podía haber pasado***.

Para salir de dudas cuanto antes, se dirigió al despacho del director y, pacientemente, esperó a que la puerta se abriera. ***Dentro se oían las voces de don Evaristo y Esteban***, y, aunque no entendía lo que decían, parecía claro por el tono que estaban muy alegres.

Por fin se abrió la puerta y don Evaristo, al verle, le dijo:

-Hombre **JAIME**, ¡ven aquí y felicita al ganador de la misión!

-¿Al ganador? ¡Pero no puede ser! -balbució Jaime-. No vimos a ningún Calavera en el castillo...

–¿En el castillo? –preguntaron a la vez sus interlocutores.

**–¡Claro, en la torre, junto al estanque!**

–¡Ja ja ja! –se rio el director a mandíbula batiente–. ¡Ya veo que los **ARAÑA** habéis caído en la trampa! Pero es un poco largo de explicar y a Adela no le gusta que la hagan esperar ¿Te importa que primero vayamos a desayunar? Luego te cuento lo sucedido.

Así pues, **Jaime** no tuvo más remedio que esperar de nuevo a contar la gran hazaña que los de su equipo habían realizado.

–¿Qué ha pasado? –le preguntaron sus amigos nada más verlo entrar en el comedor.

**–Aún no lo sé; pero me temo que hemos caído en una trampa.**

Durante el desayuno, el capitán de los **ARAÑA** contó a los suyos lo que sabía.

–¡No hay derecho! –se lamentó **Vicente**–. Nosotros hemos actuado como auténticos espías; lo de los **CALAVERA** no es más que juego de niños.

–Puede ser, pero nos han ganado.

Como tenía costumbre, **don Evaristo** llamó la atención de sus alumnos golpeando un vaso con una cucharilla y, a continuación, anunció:

–**Os comunico que el equipo Calavera ha resuelto con éxito la segunda misión**. Eso quiere decir que se han hecho merecedores del diploma de honor, que, como sabéis, les garantiza la plaza para volver el año que viene, además de otros dos privilegios que ahora mismo desvelaré:

»Desde este preciso instante hasta que finalice el campamento, el equipo ganador se convertirá en **JEFE DE LOS PUPILOS**. Esto supone que los dos equipos rivales (los Araña y los Tigre) deberéis obedecer en todo momento al capitán vencedor; es decir, a **ESTEBAN**.

»El otro privilegio consiste en que los Calavera y yo mismo iremos a visitar una conocida academia de policía que se halla no muy lejos de aquí. Tengo buenos amigos allí, y os aseguro que será una experiencia inolvidable.

»De momento, eso es todo, pupilos. Quedan pocos días para que acabe el mes, pero no creáis por eso que el ritmo de trabajo va a disminuir. Los **monitores** y yo os tenemos preparada una **gran sorpresa**. Se trata de algo que nunca hemos hecho antes en Valle Oscuro, así que se puede decir que vais a convertiros en **conejillos de Indias**. Y ya no os entretengo más. Solo añadir que, de los dieciocho alumnos que sois en la actualidad, solo doce podrá disfrutar de esa gran sorpresa; así que, de nuevo, deberéis competir entre vosotros. A partir de este mismo instante, los monitores puntuarán cada actividad que hagáis.

**»Y, ahora, yo me retiro y cedo la palabra a Esteban para que él mismo os explique cómo desvelaron el misterio.**

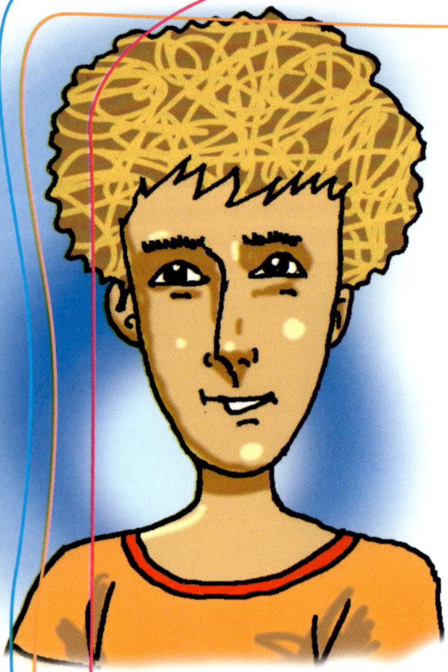

**ESTEBAN** se levantó de su silla y, dando muestras de su madera de líder, comenzó a hablar con desenvoltura.

–Buenos días a todos. En primer lugar, me gustaría decir que, aunque esta vez hemos sido nosotros los **ganadores**, sabemos que tanto los **Araña** como los **Tigre** sois grandes espías. –Aquí hizo una breve pausa y miró a su alrededor con una sonrisa en los labios; no había duda: el chico era un gran orador. Después, continuó–: Mi equipo y yo descubrimos una **casa en ruinas** el primer día. Por lo que me ha explicado hoy don Evaristo, se trataba del hogar de un **pastor** que, hace unos años, vivía en las tierras que hoy forman parte de **VALLE OSCURO**. El caso es que, una noche, hubo un **terrible incendio que destruyó casi la totalidad de la casa**. El pastor, entonces, decidió vender el terreno y trasladarse con sus ovejas a otro lugar.

»Poco después, don Evaristo compró la finca, que incluía la antigua casa del pastor, y pronto se dio cuenta de que, **algunas noches, se podían ver unas misteriosas luces brillar en una de las ventanas a medio derruir**.

»¡Y aquí entramos nosotros! **El segundo día, y tras largas horas de observación, descubrimos que la luz de la luna se reflejaba en un espejo que había en el interior de la casa y que, pese a estar medio roto, había soportado el incendio**. Esto provocaba las misteriosas luces de las que hablaba don Evaristo.

»En cuanto al ruido, fue más sencillo dar con su origen. El interior de la casa había sido invadido por una gran cantidad de zarzas y maleza. De modo que, **cuando el viento soplaba con fuerza**, las ramas se movían y golpeaban los cristales de las ventanas que aún seguían en pie, lo que provocaba todo un concierto de extraños silbidos y golpeteos.

**»Y eso es todo —concluyó, satisfecho, Esteban.**

Los Araña se miraron entre sí confundidos. **¿Qué clase de broma pesada les había jugado el destino?** Sin perder un minuto, los seis se encaminaron al despacho del director; si bien ya no para decirle que ellos eran los ganadores, al menos sí para contarle lo que habían descubierto sobre la banda de delincuentes.

Lo encontraron sentado a su mesa y rodeado de papeles, y, en cuanto los vio aparecer por la puerta, exclamó:

–¡Vaya, **JAIME**, había olvidado que teníamos un asunto pendiente! Por lo que me has dicho antes,

creísteis que **las ruinas de la misión eran las del antiguo castillo medieval**, ¿no? –les preguntó mientras se frotaba las manos divertido–. ¡Contaba con que se produjera esta confusión! –se sonrió con malicia–; sin embargo, eso solo debería haberos retrasado la misión, pues, enseguida, os tendríais que haber dado cuenta de que allí no sucedía nada extraño…

***–Pero el caso es que sí sucedían cosas muy extrañas –le interrumpió Jaime, y, a continuación, pasó a narrarle todo lo que habían descubierto en estos dos últimos días.***

–¡Esto es muy grave, pero que muy grave! ¡**Hay que llamar inmediatamente a la Policía!** ¡Buen trabajo, chicos! ¿Y decís que tenéis pruebas concluyentes? ¡Y pensar que unos **DELINCUENTES** han estado actuando en mi finca, ante mis propias narices de espía retirado! ¡Es inadmisible, intolerable! –profirió, furioso, el director.

**A la media hora de mantener esta conversación, la Policía llegaba a Valle Oscuro: había comenzado, oficialmente, la «Operación Castillo».**

# LA POLICÍA

Nada más llegar, los agentes se reunieron a solas con **DON EVARISTO** en su despacho. Al rato, llamaron a los **Calavera** para tomarles declaración.

—Contadnos paso a paso lo que habéis visto sin omitir ningún detalle —les pidió el **inspector jefe**.

Los chicos relataron lo ocurrido con rigurosidad.

—¡Vaya, chavales, os felicito! Nosotros no lo hubiéramos hecho mejor.

**Don Evaristo**, que permanecía en la habitación, se infló como un pavo al oír los elogios que el policía dedicaba a sus pupilos.

–Con vuestra inestimable aportación, será fácil atrapar a la banda –continuó diciendo el **inspector**–. A partir de este momento, nosotros llevaremos la investigación.

Los **ARAÑA** miraron, entonces, con desesperación a don Evaristo: **¡no podían quedarse al margen ahora que las cosas se ponían divertidas!** El director, comprendiendo el significado de sus miradas, les pidió que salieran del despacho un segundo para hablar a solas con el inspector.

Durante unos minutos, don Evaristo y el policía mantuvieron a puerta cerrada una conversación, después de la cual, el director acompañó a los policías hasta la salida de la Casona y, tras despedirse de ellos, llamó de nuevo a los chicos a su despacho.

—He logrado convencer al comisario de que os deje acompañar a uno de sus inspectores a las ruinas para verlo trabajar. Sin embargo, no ha accedido a que os acerquéis a la casa de los delincuentes, pues cree que podría resultar peligroso. Ahora, por favor, uníos al resto de los pupilos.

Dicho esto, el director abrió la puerta de su despacho y se despidió de cada Araña con un fuerte apretón de manos, **«de espía a espía»**.

# OPERACIÓN CASTILLO

Cuando, horas después, se corrió la voz por el campamento de la gran hazaña que habían llevado a cabo los Araña, ***estos descubrieron sorprendidos que no todos los pupilos parecían alegrarse***. Mientras que los **TIGRE** mostraron su admiración con total sinceridad, **ESTEBAN** y los suyos apenas les dedicaron una fría felicitación; además, pronto se dieron cuenta

de que los **CALAVERA** ya estaban haciendo uso de su nuevo privilegio –el de ser jefe de los pupilos–, y que lo hacían de forma abusiva y, especialmente, **para humillar a los Araña**.

Por todo esto, los seis amigos esperaban con especial impaciencia la llegada del inspector, la cual no se hizo esperar. Esa misma tarde, cuando estaban a punto de comenzar una clase teórico-práctica de tiro, **Marta** apareció en el campo de pruebas acompañada de un hombre diminuto al que presentó como el inspector **Valentín Fajín**.

Al oír esto, a los chicos se les hizo añicos la idea que hasta entonces tenían de un inspector de la **Policía Científica**. Habían imaginado un hombre corpulento, de mirada penetrante y movimientos certeros, y, en vez de eso, se encontraban ante un **detective enclenque**, más bien patoso y, como pudieron comprobar enseguida, a quien le costaba dar con la palabra adecuada.

Los seis amigos obtuvieron permiso para abandonar la clase y, a continuación, condujeron al inspector hasta el **estanque**. Allí se encontraron con un problema: **los siete no cabían en el bote**.

–No importa –dijo el policía–; de todos modos, no me siento cómodo en un medio distinto al terrestre. Como digo siempre, andando uno está bien seguro, pero ¿quién sabe lo que te puede suceder en un barco o un, un, un...

–¿Avión?

–Eso, avión, ¡que no me salía!

Los chicos tuvieron que hacer verdaderos esfuerzos para contener la risa. Al fin, **JAIME** dijo:

–Muy bien, entonces nos dividiremos: unos iremos a pie con usted y los demás irán en el bote y esperarán a que lleguemos.

Una hora después, el grupo volvió a reunirse al pie de la colina, y todos juntos se encaminaron hacia la torre. Como era de esperar, los

delincuentes habían regresado al lugar y **habían cerrado de nuevo la puerta**.

–¡Estaba claro! –exclamó **VICENTE** con indignación–. Deberíamos haber llamado a la Policía ayer mismo, de madrugada. **Ahora seguro que se han llevado a otra parte los objetos robados y han borrado todas las huellas**. ¡Ni que los delincuentes fueran tontos!

–¡Calma, chico! –le intentó tranquilizar el **POLICÍA**–. En mi maletín he traído unos ***alicates*** con los que podré romper el candado. Luego, una vez dentro, seguro que encontramos alguna buena pista.

Romper el grueso candado no fue tan sencillo como creía el **flojucho inspector**, pero, al fin, lo logró con la ayuda de **Manuel**, y pudieron entrar en la torre. Tal y como había previsto **Vicente**, los

delincuentes se habían llevado su botín; sin embargo, no habían limpiado el lugar, que estaba **lleno de huellas** de zapatos, colillas e, incluso, todavía quedaban algunas cajas de cartón. Seguramente, temían que **la Policía** llegara en cualquier momento y **les sorprendiera**.

**VALENTÍN** sacó fotos del lugar, metió en bolsas transparentes las posibles pruebas y registró la zona en busca de huellas dactilares. Después, descendieron la colina y buscaron huellas de neumáticos, que también encontraron.

–Con esto y las pruebas que se aporten tras el registro de la casa de **El Descanso Merecido**, creo que será suficiente para detenerlos. Cuando se celebre el juicio, es probable que tengáis que declarar. No sé si eso supone un, un…

–¿Contratiempo? –le ayudó Beatriz–. ¡Qué va, será toda una experiencia! Pero ¿está diciendo que con esto ya ha acabado su trabajo?

Los **ARAÑA** regresaron al campamento cabizbajos. Habían creído que el trabajo de investigación les iba a llevar varios días y, sin embargo, en unas pocas horas habían acabado.

—¡Vaya chasco! Está claro que el inspector jefe nos ha tomado el pelo: nos ha enviado a un doble de Mr. Bean para que nos tuviera entretenidos mientras que la auténtica acción transcurría en la mansión de los mafiosos.

—Puede ser —reconoció Jaime—. En cualquier caso, es tarde para lamentaciones. Me imagino que ya han registrado la casa. Por otro lado, ahora tenemos escalada...

–A ver, **CAPITÁN**, piensa un poco. Si nos damos prisa, quizá lleguemos aún a tiempo de ver la detención. Nadie tiene por qué enterarse, pues nos podemos esconder y ver todo lo que pasa con unos prismáticos. Además, en el campamento todos creen que estamos con el **inspector Valentín Fajín**, alias Mr. Bean, así que no nos echarán de menos ni nos sancionarán por no haber asistido al entrenamiento.

*Y, si todo lo anterior no fueran ya razones suficientes, ten en cuenta que nos libraremos por un rato más de los pesados Calavera. ¿Qué me dices?*

–Visto así…

–¡No hay tiempo que perder! –exclamó, entusiasmado, VICENTE–. Id yendo hacia la urbanización; mientras, yo iré al Barracón a por un par de prismáticos; ya os cogeré más tarde.

Eran, aproximadamente, las siete de la tarde cuando los cinco Araña se pusieron en camino hacia la casa de los delincuentes. No habían pasado aún veinticuatro horas desde que descubrieran el alijo de la torre, y, sin embargo, a ellos les parecía que hubieran transcurrido varios días.

–Es increíble todo lo que nos ha sucedido desde que llegamos al campamento. La formación del equipo Araña, las competiciones, la búsqueda del diploma Júnior, mi caída en la gruta... –comentó Manuel.

¡PLAF!
lo lograsteis!

–¡Es cierto! –exclamó **Alejandra**–. ¡Se me había olvidado tu lesión!

–Y es que **MANUEL**, en la primera misión, se había precipitado varios metros por un barranco y se había hecho daño en un pie. Por suerte, fue poca cosa, y el chico, tras permanecer un par de días en reposo, pudo continuar con el ritmo del campamento.

–Da lástima pensar que dentro de poco estaremos de vuelta en casa, y quién sabe si el verano próximo podremos regresar todos –se lamentó **Santi**.

–Sí lo es; pero no olvides que la decisión es de nuestros padres –le recordó **JAIME**–. Pero no pensemos en eso; mirad, ahí está la primera casa de **El Descanso Merecido**. Dos calles más allá se encuentra la mansión de los sospechosos. Ahora, silencio y aguzad los sentidos.

–¿«Agu...» qué? –preguntó Alejandra.

–¡Que estés atenta!

Los cinco chicos recorrieron la distancia que les separaba de la casa en completo silencio. Cuando llegaron a la calle de la mansión, buscaron un lugar desde donde tuvieran una buena visibilidad. Al fin, decidieron esconderse tras un promontorio de tierra que había en la acera de enfrente a la casa. Desde allí, tumbados boca abajo y con la barbilla apoyada sobre las manos esperaron a que llegara Vicente con los prismáticos.

Parecía que o bien la Policía aún no había llegado a la casa, o bien ya había detenido a los delincuentes y allí ya no quedaba nadie, pues el silencio era absoluto. Entonces, los chicos vieron llegar a **VICENTE** y, sin salir de su escondrijo, le hicieron señas con la mano. Al momento, el Araña corrió a ocultarse junto a ellos.

**–He traído dos prismáticos, un par de linternas, un saco de dormir y un megáfono que he cogido de la cabaña de los monitores –comentó Vicente.**

–¡Para qué has cogido tantas cosas! –le recriminó **Jaime**.

–Nunca se sabe…

Durante una hora más no ocurrió nada.

–Estamos haciendo el panoli. Estos tipos…

Pero Vicente no pudo acabar la frase pues, de pronto, la puerta de la mansión se abrió y salieron los cinco hombres que Santi, Alejandra y Bea habían visto en el todoterreno, junto con otro de aspecto avejentado.

–Es el hombre que hacía las señales de luz desde la torre –susurró **Santi**.

Uno de los delincuentes se dirigió a toda prisa a la parte trasera de la casa, y, al poco, regresó con una **camioneta** que aparcó delante de la puerta de entrada. Por su parte, los otros entraron de nuevo en

la mansión y volvieron a salir, esta vez cargados con cajas, televisores, ordenadores y hasta bicis.

**–¡Están sacando la mercancía para llevársela de aquí! ¿Dónde estará la Policía? ¡Se van a escapar!** –dijo en voz baja **Jaime**.

–Estarán esperando la orden de registro…

–¡Hay que avisar a la Policía! ¿Quién me acompaña al pueblo? –preguntó **Manuel**.

–Yo lo haré –se ofreció **Santi**, encantado de alejarse cuanto antes de la ***escena del crimen***.

Los dos escaparon a todo correr en un momento en que los seis delincuentes estaban en el interior de la casa. Cuando estos volvieron a salir, los **ARAÑA** comprobaron que estaban cerrando con llave la casa y que se disponían a abandonarla en la camioneta.

**Entonces, Vicente, sin que nadie tuviera tiempo de detenerlo, cogió el megáfono, lo encendió y dijo:**

–¡Policía! ¡Están rodeados! Por favor, salgan de la camioneta con las manos sobre la cabeza. ¡No intenten escapar! Nuestros hombres les están apuntando y tienen orden de disparar.

No se puede describir la cara de espanto de los tres Araña en ese momento. Estaban paralizados por el terror. **¡Los iban a matar!** Esta vez no había escapatoria posible. En cuanto los mafiosos se dieran cuenta de que no eran más que unos chiquillos desarmados, los iban a hacer picadillo.

**Vicente, por contra, tenía una mirada desafiante y como enloquecida, y sujetaba con firmeza el megáfono entre las manos.**

«¿Por qué tuve que escogerlo precisamente a él como miembro de mi equipo?», pensó en esos instantes de tensión Jaime, «podría haber elegido a cualquier otro; pero no, tuve que escoger al loco del grupo».

Justo cuando los delincuentes, **que habían obedecido a Vicente y esperaban con las manos en la cabeza**, comenzaban a mirarse entre sí sospechando que habían sido víctimas de una broma, se oyeron unas sirenas, y

los Araña, con inmenso alivio, vieron aparecer **dos coches de policía y un furgón** al principio de la calle.

Lo que sucedió a partir de ese momento parecía sacado de una película de acción. En cuanto oyeron las sirenas, **los delincuentes comprendieron que los habían detenido los malditos chicos** que, la noche anterior, los habían descubierto cuando iban a trasladar la mercancía. Entonces, en un intento desesperado por escapar en el último momento de la **POLICÍA**, se metieron en la camioneta y, arrancando el motor, atravesaron a toda velocidad el camino que conducía hasta la puerta exterior de la mansión. **El problema resultó ser que la pesada puerta solo se abría con el mando a distancia, y que, además, tardaba bastante en hacerlo**. Exasperados, los seis ladrones abandonaron la camioneta y, colándose por la rendija

de la puerta, salieron corriendo entre los vehículos policiales, que ya habían llegado a la mansión y bloqueaban la salida. Entonces, un policía les gritó:

—¡Deténganse o disparamos!

Los ladrones se detuvieron en el acto y levantaron las manos. En pocos minutos, los agentes detuvieron a los seis hombres y los introdujeron en el furgón policial.

Por su parte, los **ARAÑA**, al ver que no corrían peligro, salieron de su escondrijo para no perder detalle de la detención. Esto dio oportunidad a que el mafioso de las gafas de espejo, al pasar junto a ellos, les susurrara:

**—¡Estáis muertos! ¡En cuanto salga calle, yo buscar vosotros para asesinar!**

Cuando el furgón con los detenidos desapareció en dirección a la comisaría del pueblo, uno de los agentes se acercó a hablar con ellos.

**–Vosotros sois los chicos de Valle Oscuro, los que habéis descubierto a la banda, ¿no es así?**

–Sí, señor –contestaron ellos con respeto.

**–Bien hecho, chavales. Pero, la próxima vez, obedeced órdenes: no deberíais haber estado aquí; podría haber habido un tiroteo. Ahora, volved al campamento cuanto antes.**

–De acuerdo, señor, buenas noches –se despidieron los ARAÑA–. Por cierto, ¿sabe usted dónde están nuestros dos amigos, los que fueron a avisarlos de que los delincuentes se escapaban?

–¿Cómo? A nosotros nadie nos ha avisado. Vinimos porque el agente que vigilaba la mansión nos advirtió de que estaban a punto de huir.

Jaime y los suyos se miraron sin entender. **¿Dónde estaban entonces Santi y Manuel?**

Entonces, como si se hubieran comunicado por telepatía con sus amigos, los vieron aparecer calle arriba y dirigirse hacia ellos a todo correr.

**–¡No corráis! –les gritaron–. ¡Ya se ha acabado todo!**

Cuando los dos pupilos llegaron donde estaba el resto del grupo, les explicaron, con voz entrecortada, lo que les había ocurrido:

–Fuimos todo lo rápido que pudimos a la comisaría del pueblo, pero, cuando llegamos, solo había un agente tras el mostrador y el inspector Fajín. Entonces, le explicamos a este último que los mafiosos trataban de escapar y que debía mandar un coche de policía cuanto antes. Él nos dijo que ya estaba arreglado todo y que le acompañáramos a su despacho para charlar un rato sobre Valle Oscuro. Por mucho que le intentamos explicar que queríamos ir

a ver la detención, no nos hizo ningún caso. ¡Nos ha mantenido encerrados en su despacho hasta ahora mismo! Hemos venido corriendo desde la comisaría hasta aquí para no perdernos el espectáculo –concluyó Manuel.

–Lo siento, chicos, ya no hay nada que ver.

# UNA SEVERA REPRIMENDA

Cuando los **ARAÑA** llegaron a Valle Oscuro, no salieron a recibirlos con vítores, aplausos ni fuegos artificiales, como esperaban. Por contra, en cuanto **Adela** los vio aparecer por la puerta de la Casona, les dijo:

–Buena la habéis hecho. Don Evaristo os espera en el despacho. Además, llegáis tarde a la cena, y eso ya sabéis que no lo tolero.

–Disculpe, Adela, no volverá a pasar.

–Eso espero –respondió, tajante, la mujer.

Los chicos, asustados, llamaron a la puerta del despacho del director. Una vez dentro, este les reprendió severamente:

–**No sé qué os habéis creído que es Valle Oscuro**. Sois menores de edad y estáis bajo mi tutela. Si hubiera habido un tiroteo y alguno hubiese resultado herido, yo habría cargado con las culpas. Además, los buenos espías deben obedecer a sus superiores en todo momento. **Habéis incumplido las normas y desobedecido una orden, por lo que vais a ser penalizados.**

**DON EVARISTO** se detuvo un momento para ver el efecto de sus palabras y, al descubrir el arrepentimiento pintado en sus rostros, añadió en tono más suave–: ***Aún no sé cuál será la sanción***. De momento, continuaréis en el campamento pero con una condición…

–¿Cuál? –corearon los **ARAÑA**.

**–Que luchéis con todas vuestras fuerzas por ser uno de los equipos vencedores de la última misión del verano.**

–¡Eso está hecho! –exclamaron ellos.

Entonces, cuando los chicos ya se estaban marchando del despacho, don Evaristo les dijo en voz baja para que nadie más pudiera oírle:

**–¡Enhorabuena por la Operación Castillo!**

Y así fue como terminó la segunda misión en Valle Oscuro. Por delante les quedaban días de duro trabajo, en los que, además, deberían soportar a los Calavera y sus abusos de poder.

¿Qué equipo saldrá victorioso en las próximas competiciones?

¿Cuál será la sorpresa de don Evaristo?

¿Cómo sancionará el director a sus seis pupilos favoritos?

¡No pierdas de vista a Jaime y sus amigos!

# ÍNDICE